Armin Täubner

Fröhliche Weihnacht

FENSTERBILDER, GESCHMÜCKT

Frech-Verlag Stuttgart

Für eine gewerbliche Nutzung der gezeigten Modelle ist die Genehmigung des Verlags erforderlich.

Materialangaben und Arbeitshinweise in diesem Buch wurden vom Autor und den Mitarbeitern des Verlags sorgfältig geprüft. Eine Garantie wird jedoch nicht übernommen. Autor und Verlag können für eventuell auftretende Fehler oder Schäden nicht haftbar gemacht werden. Für eine Verbreitung des Werkes durch Film, Funk, Fernsehen oder Videoaufzeichnungen ist eine Genehmigung oder Lizenz des Verlags erforderlich. Das Werk ist urheberrechtlich geschützt nach § 54 Abs. 1 und 2 UrhG.

Auflage:	5.	4.	3.	2.	Letzte Zahlen
Jahr:	1994	93	92	91	90	maßgebend

ISBN 3-7724-1371-4 Best.-Nr. 1371

© 1990

frech-verlag
GmbH + Co. Druck KG Stuttgart
Druck: Frech, Stuttgart 31

Die Wohnungsdekorationen zu Weihnachten werden immer vielseitiger und ausgefallener. Ständig kommen neue Ideen hinzu, die mit ungewöhnlichen Materialien verwirklicht werden.

Ich habe hier die beliebten Fensterbilder aus Tonkarton mit Materialien geschmückt, die üblicherweise in anderen Hobbybereichen eingesetzt werden, vor allem in der Floristik.

Die Kombination dieser sich scheinbar so fremden Bestandteile schafft den besonderen Reiz der Fensterbilder. Die Gestaltungsmöglichkeiten erweitern sich erheblich, und das frische Grün verbindet sich mit den weihnachtlichen Motiven aus Tonkarton zu nicht alltäglichen Schmuckstücken.

Im Stall zu Bethlehem
Abbildung auf der Titelseite

Auf das braune Krippenteil, das teilweise mit dem Cutter ausgeschnitten werden muß, das weiße Dach kleben. Von hinten die große Schneefläche fixieren. Beide Schneeflächen dünn mit weißer Stopfwatte bekleben. Nun den großen Stern anbringen. Vor dem Krippenstall beidseitig Blauzederwacholderzweige strauchartig befestigen. In das Grün vergoldete Erlenzäpfchen einfügen. Die Watte leicht mit Goldglitter besprühen.

Eine schwere Last
Abbildung auf der Umschlag-Rückseite

Zuerst den Weihnachtsmann zusammenkleben. Dazu müssen alle Teile bis auf den roten Rumpf und den unteren Mantelsaum doppelt ausgeschnitten und beidseitig am Rumpf fixiert werden. Bevor der Arm befestigt werden kann, muß der Sack angeklebt werden. Den Weihnachtsmann auf der Schneefläche plazieren. Am Sack einige Zweige, Schafwolle, Päckchen, Sterne, Schleife und Holzglöckchen anbringen.

In Originalgröße auf dem Vorlagenbogen

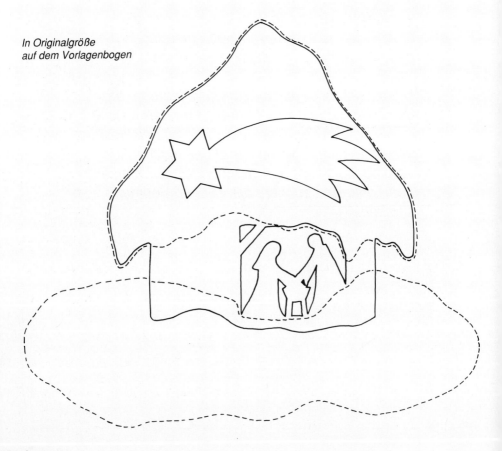

Häuschen im Schnee

Die Innenfläche der Landschaft mit Schere und Cutter herausschneiden. Hauswand und Kamin bekleben. Der Baum wird sowohl an der Seite als auch am oberen Rand fixiert. Die Schneeflächen dünn mit Stopfwatte bekleben. An Blauzederwacholderzweigen werden kleine, getrocknete Pilze fixiert, während die Äste des Baumes mit roten Beeren geschmückt sind.

Sternvariationen

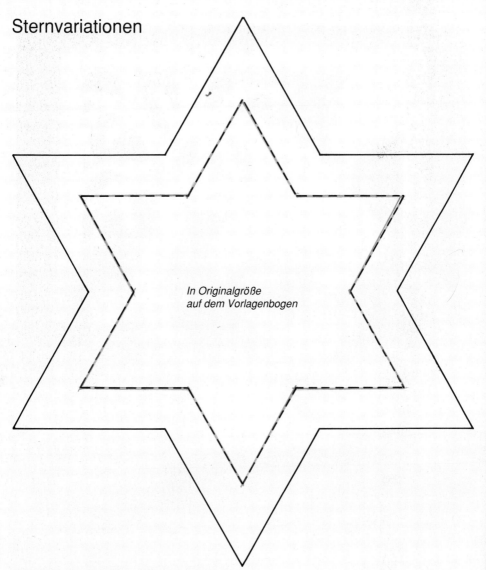

In Originalgröße auf dem Vorlagenbogen

Die roten oder weißen Sterne mit Goldglitter besprühen. In der Mitte oder auf den einzelnen Zacken Blauzederngrün, rote und weiße Beeren und goldene Schleifen anbringen. Die Sterne können auch in unterschiedlichen Größen ausgeschnitten und aufeinandergeklebt werden.

Geschmückter Weihnachtsbaum

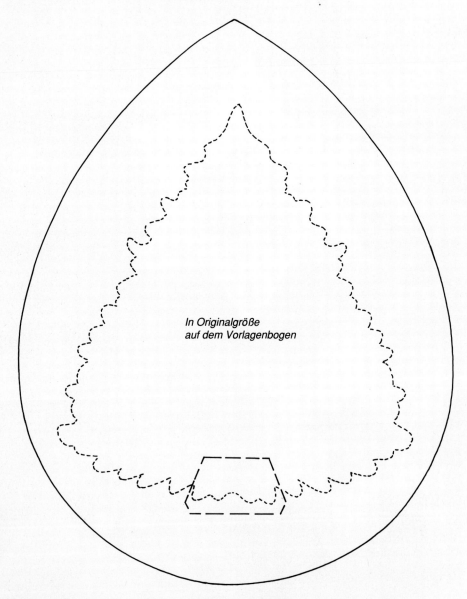

In Originalgröße auf dem Vorlagenbogen

Baum und Christbaumständer auf die weiße, tropfenförmige Fläche kleben. Blauzederwacholder und rote Perlen anordnen. Das Fensterbild leicht mit Goldspray besprühen. Nach dem Trocknen die Schleifen aufkleben.

Adventskranz

Am Adventskranz zuerst die große rote Schleife fixieren. Nun die großen und kleinen Sterne befestigen. In der Schleifenmitte ein Arrangement aus Blauzederwacholdergrün, Kammzug und vergoldeten Erlenzäpfchen anbringen. Die großen Sterne ebenfalls mit Grün bekleben, das sternförmig angeordnet wird. Ihre Mitte ziert jeweils eine Perle. Die kleinen, roten Sterne mit kleineren Goldsternen schmücken.
Eine Variante ist der weiße Kranz.

Sieht uns das Christkind?

Das Fenster (durchgezogene Linie) ausschneiden und mit dem weißen Schneeteil (gestrichelte Linie) bekleben. Bär und Mädchen zusammenkleben. Anschließend werden beide von hinten am Rahmen fixiert. Vor dem Fenster Blauzederwacholdergrün sowie rote Beeren befestigen.

Adventsfreude

Das Bogenfenster aus grünem Karton hat keine geraden Kanten, sondern die Umrisse sind leicht gewellt. Auf den unteren Sprossen jeweils eine Kerze anordnen. An der Basis dieser Kerzen eine kleine Dekoration aus Grün, Perlginster, Perlen und silbernen Schleifen arrangieren.

Glocke in Rot

Auf die rote Kartonform zunächst fünf Stechpalmenblätter aus Karton oberhalb der Glocke ankleben. Auf diesen Blättern etwas helles Thujagrün, goldene Dekozweigchen sowie eine rote Schleife anbringen.

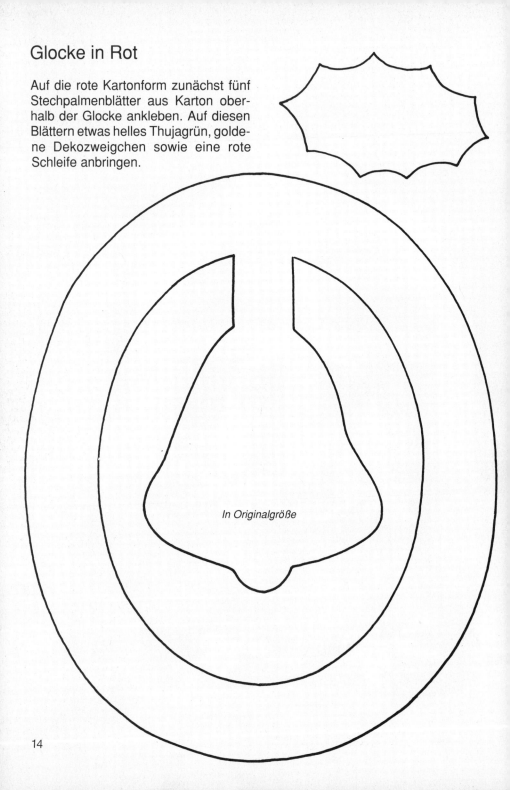

In Originalgröße

Sternenwald

Den Rahmen und den großen Stern aus beidseitig mit Goldkrepp beklebtem, stabilen Karton ausschneiden. Die Konturen der Tannen mit goldfarbenem Filzstift nachziehen und nachdem Goldsternchen aufgeklebt wurden, kleine, goldene Punkte aufmalen. Die Ränder der beiden Wolken mit Goldsternen bekleben. In der Wolkenmitte Blauzederwacholdergrün sternförmig anordnen und in ihre Mitte jeweils ein vergoldetes Erlenzäpfchen kleben.

Weihnachtsblüten

Am Topf zuerst beidseitig die Henkel ankleben. Die Tannenzweige mit der Schere einschneiden und am Pflanzengefäß fixieren. Anschließend in der Gesteckmitte Blauzederwacholdergrün, Kammzug und irisierende Schleifen befestigen.

Geschmückter Stern

An der grünen Sternform die rote Kartonschleife befestigen. In der Schleifenmitte und auf den unteren vier Sternzacken jeweils ein kleines Arrangement aus Blauzederwacholderzweigen und vergoldeten Erlenzäpfchen anbringen.

An der Schleife zusätzlich noch goldenen Perlginster fächerartig befestigen und leicht mit Goldglitter übersprühen. Zusätzlich können Goldsternchen angebracht werden.

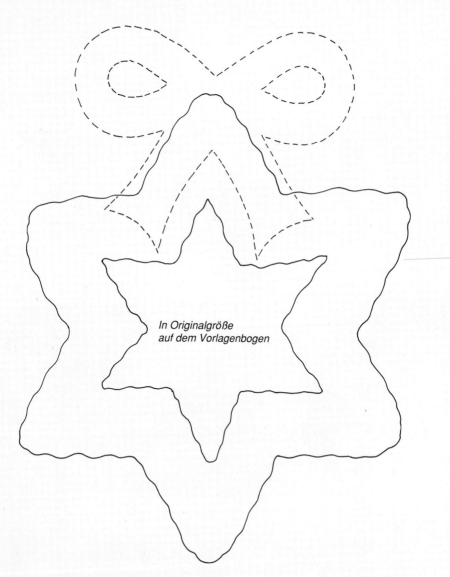

In Originalgröße auf dem Vorlagenbogen

Adventsfenster

*In Originalgröße
auf dem Vorlagenbogen*

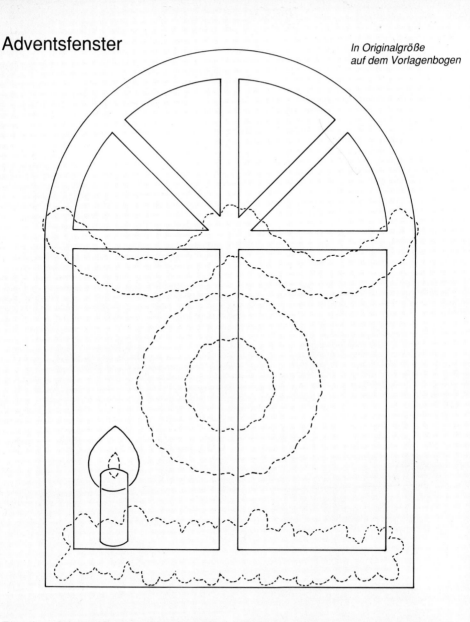

Für das Adventsfenster ist ein sehr kräftiger, weißer Karton notwendig. Nach dem Herausschneiden der Fensterflächen das ganze Fensterbild mit weißem Transparentpapier hinterkleben. Nun werden zuerst das Tannengrün aus Karton und die Kerzen angebracht. Die Girlande mit Blauzederwacholderzweigen und roten Dekobeeren bekleben, während der Kranz noch eine Schleife aus gelbem Band erhält. Zum Schluß die Metallsternchen ankleben.

Winterimpression

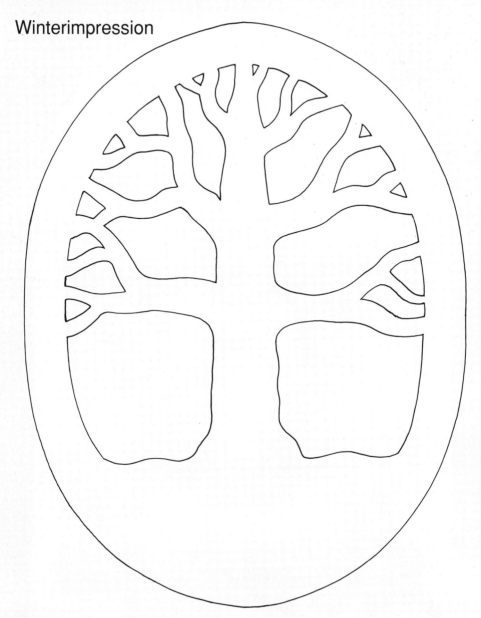

Die Baumform mit Schere und Cutter herausarbeiten und mit Goldkrepp hinterkleben. Zweige und die Bodenfläche dünn mit weißer Stopfwatte bekleben. Für das Arrangement werden Blauzederwacholderzweige, goldener Perlginster, rote Beeren und eine goldene Schleife benötigt. Die sichtbare Goldkreppfläche mit Goldsternchen verzieren.

Ein Korb voll Tannengrün

Den Korbrand mit Tannenzweigen aus Karton bekleben. Beidseitig am Henkelansatz jeweils eine rote Kartonschleife anbringen. In der Korbmitte Blauzederwacholderzweige, vergoldete Casuarinazapfen sowie zwei Holzglöckchen arrangieren.

Adventslicht

Auf dem weißen Rahmen zuerst das Tannengrün aus Karton und darauf die dreiteilige Kerze fixieren. An der Kerzenbasis Blauzederwacholderzweige und weiße Perlen anordnen. Darunter noch eine Schleife aus gelbem Band befestigen.

Winter – Schnee und Sterne

Auf dem Rahmen aus mit Goldkrepp beklebtem Karton zuerst die Schneefläche am Boden fixieren. Nun die mit Goldsternen geschmückte Tanne sowie die mit weißer Stopfwatte beklebten Wolken anbringen. Anschließend kann der schneebedeckte Zaun befestigt werden. Davor befindet sich eine Dekoration aus Blauzederwacholderzweigen und vergoldeten Erlenzäpfchen.

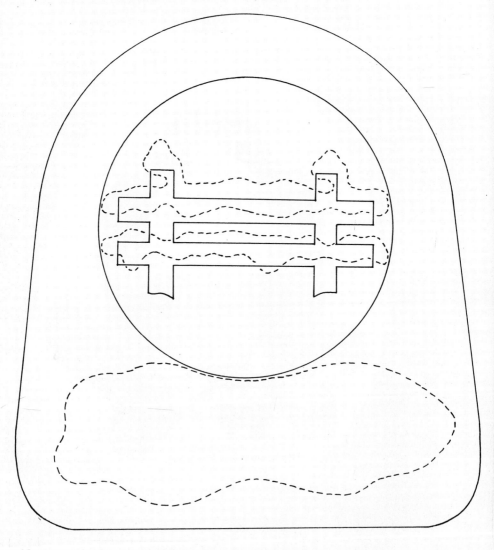

Festlicher Baum – ganz in Weiß

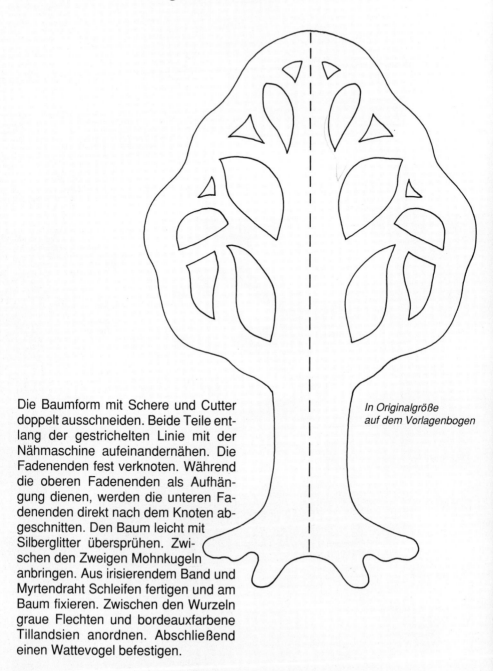

In Originalgröße auf dem Vorlagenbogen

Die Baumform mit Schere und Cutter doppelt ausschneiden. Beide Teile entlang der gestrichelten Linie mit der Nähmaschine aufeinandernähen. Die Fadenenden fest verknoten. Während die oberen Fadenenden als Aufhängung dienen, werden die unteren Fadenenden direkt nach dem Knoten abgeschnitten. Den Baum leicht mit Silberglitter übersprühen. Zwischen den Zweigen Mohnkugeln anbringen. Aus irisierendem Band und Myrtendraht Schleifen fertigen und am Baum fixieren. Zwischen den Wurzeln graue Flechten und bordeauxfarbene Tillandsien anordnen. Abschließend einen Wattevogel befestigen.

Wintergarten

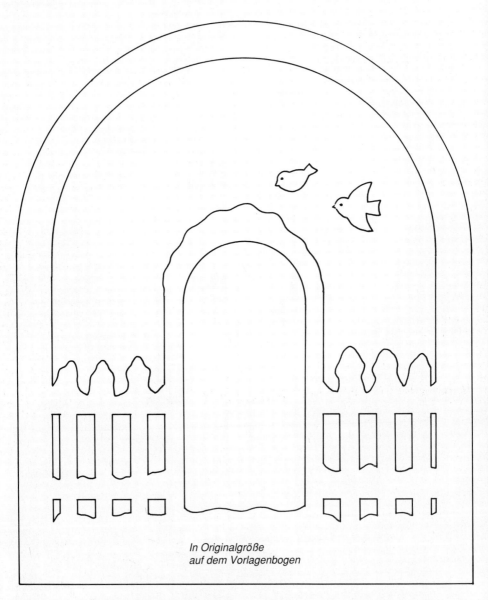

In Originalgröße auf dem Vorlagenbogen

Das Fensterbild mit Schere und Cutter freilegen und mit weißem Transparentpapier hinterkleben. An den Pfosten des Gartentors Blauzederwacholderzweige buschartig anbringen und mit roten Beeren schmücken.

Weihnachtskomposition

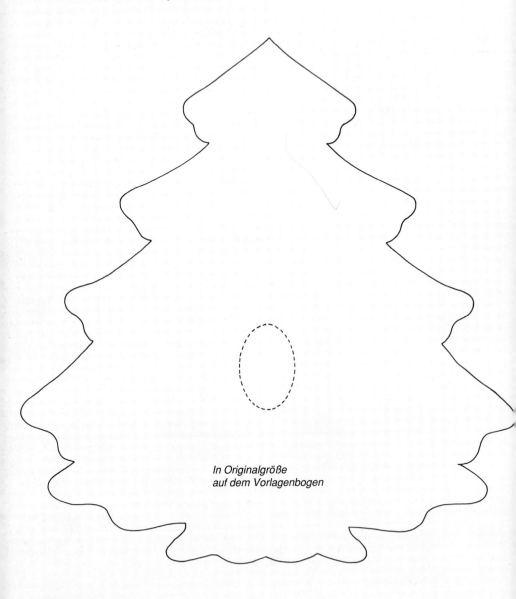

*In Originalgröße
auf dem Vorlagenbogen*

Auf den roten Kartonbaum in symmetrischer Anordnung ovale Scheiben aus weißem Karton kleben.

Die hellen Ovale mit Thujagrün, Erlenzäpfchen und Schleifen bekleben.

Nikolausstiefel

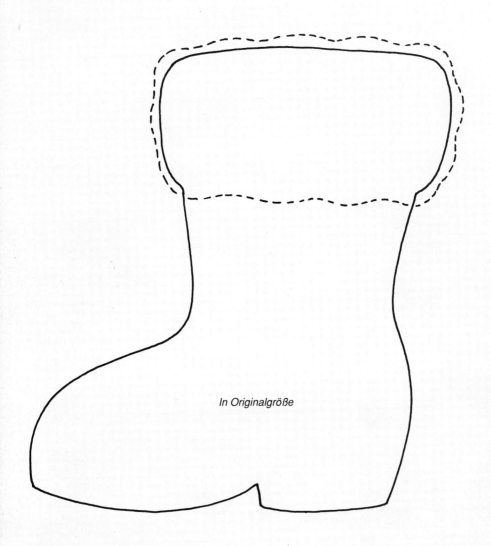

In Originalgröße

An die Stiefel beidseitig den weißen Besatz kleben. Daran werden die Blauzederwacholderzweige fixiert. Längere Zweige ragen buschartig nach oben, kürzere Zweige fächerförmig nach unten. Eine goldene Schleife und rote Perlen befestigen. Zum Schluß die Stiefel mit Goldsternchen verzieren.

Festlicher Schmuck

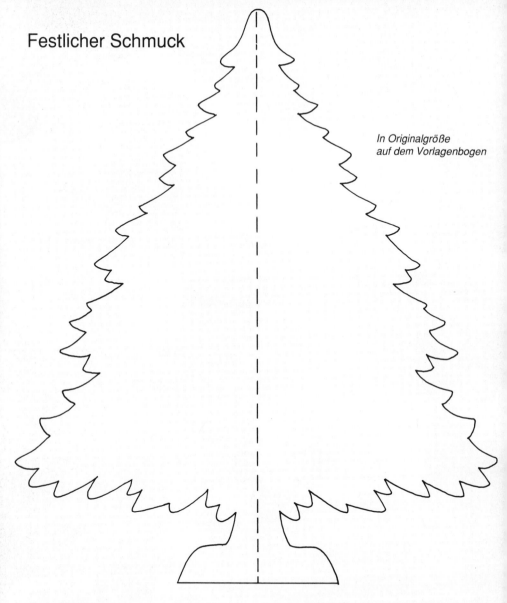

In Originalgröße auf dem Vorlagenbogen

Den Weihnachtsbaum doppelt ausschneiden, beide Teile aufeinanderlegen und entlang der gestrichelten Linie mit der Nähmaschine mit einem weißen Faden zusammennähen. Die Fadenenden direkt am Fensterbild fest verknoten, wobei die oberen Fäden als Aufhängung dienen, die unteren Fäden kurz abgeschnitten werden. Den Baum mit goldfarbenen Erlenzäpfchen und Schleifen schmücken. Anschließend leicht mit Goldglitterspray übersprühen und Bouillondraht um den Baum wickeln.

Weiße Pracht

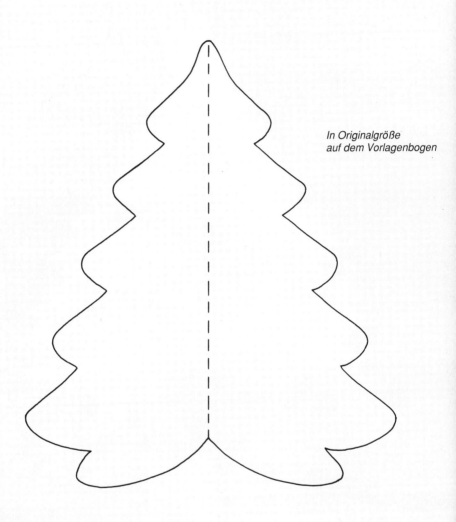

In Originalgröße auf dem Vorlagenbogen

Die Baumform doppelt ausschneiden und beide Teile entlang der gestrichelten Linie mit der Nähmaschine zusammennähen. Fadenenden verknoten. Den Baum mit Goldglitter besprühen und im unteren Bereich mit Amberzapfen bekleben, darüber werden Blauzederngrün und rote Perlen gruppiert. Unten kann in der Mitte noch Goldband befestigt werden, das man vorher über den Scherenrücken gezogen hat, um es zu kräuseln.

Festliches Gesteck

Auf den violetten Blumentopf das Tannengrün und darauf die beiden dreiteiligen Kerzen kleben. Das Adventsgesteck mit Kammzug, Pilzen, Perlginster und Schleifen schmücken. Abschliessend werden kleine violette Sternchen auf das Tannengrün geklebt.

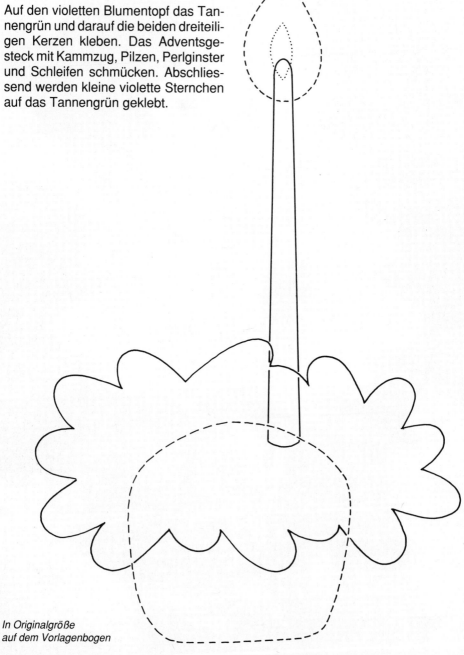

*In Originalgröße
auf dem Vorlagenbogen*

Lichter der Freude

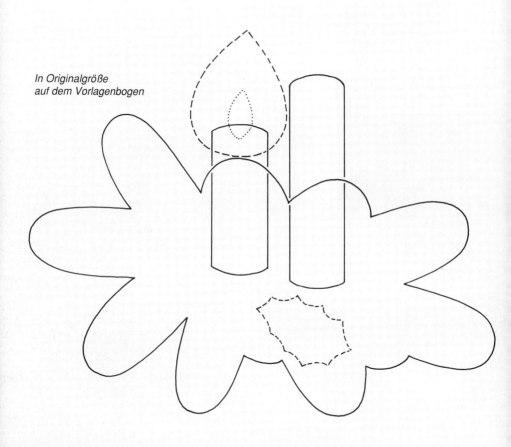

In Originalgröße auf dem Vorlagenbogen

Das Tannengrün aus Karton ringsum einschneiden, um die Nadeln anzudeuten. Anschließend die beiden Kerzen sowie einige Stechpalmenblätter aus Karton anbringen. Vor der Kerze Blauzederwacholderzweige, Erlenzäpfchen und weiße Perlen anordnen. Aus rotem Band zwei Schleifen fertigen und am Fensterbild fixieren.

Kerzenschein am Fenster

Auf den roten Rahmen zuerst das Pflanzgefäß, das Tannengrün und die Kerzen kleben. Darauf achten, daß alle Kerzen parallel, jedoch in unterschiedlichen Höhen fixiert werden. Jetzt das Tannengrün mit roten Sternchen verzieren.

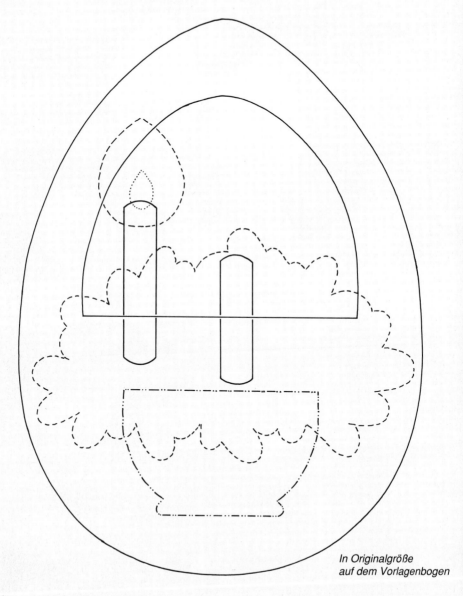

In Originalgröße
auf dem Vorlagenbogen

„Süßer die Glocken nie klingen"

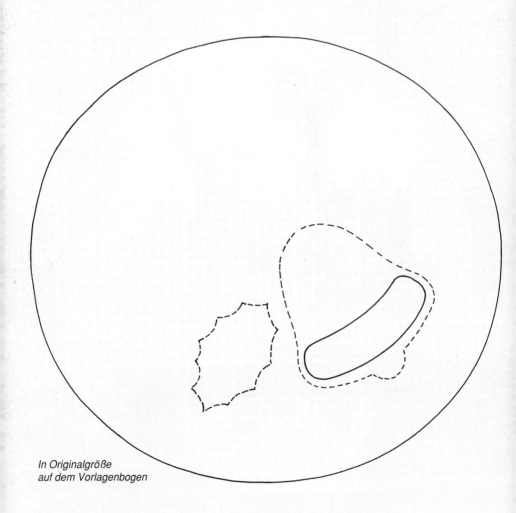

In Originalgröße
auf dem Vorlagenbogen

Auf der ovalen Kartonscheibe zuerst die beiden Glocken anordnen. Ein symmetrisches Arrangement aus Stechpalmenblättern, vergoldeten Erlenzäpfchen und einer goldenen Schleife verdeckt den oberen Teil der Glocken. Die freie, weiße Kartonfläche mit Goldsternen schmücken.

Festlich dekoriertes Herz

Auf das große Herz aus rotem Karton wird ein etwas kleineres weißes Herz gelegt. Als Verzierung eignen sich neben Blauzederwacholder und Erlenzäpfchen auch Messingglocken und Netzblätter aus Messing sowie rote Schleifen.